Le temps des vidanges

Louis Massey

Textes et couverture

Copyright © 2017 Louis Massey

Tous droits réservés

ISBN: 978-0-9938080-2-9

Introduction

Je vous offre ces poèmes à la limite de l'entendement. Ils sont un mélange de réflexions et d'impressions sur la pensée et la nature humaine, et la société qui en résulte. Donc, des poèmes psycho-sociaux.

Il y a des poèmes d'observation et d'autres d'introspection. Question de justice, je ne vise pas uniquement les autres : je m'inclus avec tous mes tourments et défauts. Je m'interroge et parfois affirme avec mépris. Je ne prétends pas avoir fait une grande analyse logique; plutôt je partage mes sentiments sur la vie et la mort, sur la cognition et les émotions, et sur nos conceptions de nous-même et du monde qui nous entoure.

J'explore aussi des dissonances phonétiques et sémantiques, des structures et sonorités désaccordées ou harmonieuses dépendant de mes états d'esprit variables. Ce sont des poèmes décousus en courtes rafales, à l'image de la société éclatée en mode consommation rapide. Ils sont catégoriques dans leur refus syntactique et sémantique, et aussi dans leur rejet de la condition socio-culturelle écrasante. Poèmes doublés sensuellement, n'hésitant pas à donner dans les contradictions et les oppositions sans bon sens.

Si les vers sont habillés nullement et non pas habilement, fracassant les normes et établissant des connexions inhabituelles, folles de neurones surexcités, peut-être obtient-on un refoulement idéologique, un vomissement magistral de l'ordre.

Mes mots ne veulent pas s'accrocher, s'accorder, devenir prisonniers de normes sociales ou même d'une grammaire; ils veulent s'envoler, danser et virevolter libres dans l'Univers.

Tels sont ces poèmes. À lire et à goûter à vos propres risques; un festin étourdissant une fois bien arrosé de vin.

L. M.

MAUDIT ÉVEIL

les mots courent dans ma tête

se mêlent et s'enchaînent

un amalgame précieux

sublime dans le sommeil

sublimé par l'éveil

j'ouvre les yeux

tout a disparu

sauf un résidu sensuel

une douceur oubliée

un chuchotement silencieux

une impression subtile

que j'aimerais les attraper

mots papillons de nuits

vagabonds déchaînés

envolés à la première lueur qui luit

AU NOM DE LA RAISON

La lumière perce entre les tours

Mégalithes indicateurs des solstices?

Le mystère des temps futurs

La question des fouilleurs de ruines

Explorateurs de nos cités oubliées

Seront-ils ébahis par leur grandeur?

Ou comprendront-ils la nature barbare

De notre civilisation destructrice

Qui s'est répandue comme un virus

Au nom de l'intelligence et de la raison

Imbue de supériorité déplacée

Consommant sa propre fondation

CONFORT DE L'ILLUSION

Comme il fait bon de croire

La douce mélodie de la normalité

Mieux vaut rester enchaîner

Prisonnier d'une délicieuse réalité

Pour ne pas tomber

Dans l'obscure incertitude

Curieuse illusion

Menant à notre perdition

La souffrance libératrice du questionnement

Bienvenue à bord sans issues de secours

ASSOCIATIONS DISCORDANTES

Troubadours tourmentés

Naturellement technologiques

Un affreux fabuleux célébré

Fait de connaissances inconnues

C'est l'art artificiel

Des communications sans communion

Dans des réseaux antisociaux

Tourmentés de bits acrobates

Prises dans le béton liquide

Sans courant idiots maléfiques

Animation cérébrale mécanique

LE TEMPS DES VIDANGES

les nuages passent sans nous regarder

soucieux toutefois de notre misère

laissant tomber leurs larmes de pitié

nous sommes poussière

dans une cosmique poubelle

le monde tourne et se promène

nous allons là où il nous emmène

ils sont beaux, ils sont fins

ces grands bâtisseurs humains

ils grattent le ciel avec leurs totems géants

excrétant des nuages tout blancs

ils fertilisent le gazon pour le tondre

mangent les vaches et leurs veaux aussi

et se réclament maîtres et propriétaires

d'un gros tas de déchets pourris

FUNÉTIQUEMENT

Affront fondamental futile

Révolutions sans révélations

Révoltes volées sans évolution

Manipulées par une minorité

Au lamentable mental

Dans des bureaux bourrés

Des bourreaux bureaucratiques

Émettent de mémorables mémos

Débordant de décisions déviantes

La police pas si polie

Applique les politiques pourries

Façonnant avec facilité

L'opinion pudique

De la foule refoulée

DÉCONNECTER POUR CONNECTER

je vois avec plus de clarté

en fermant les yeux

je suis plus conscient

en cessant de penser

je communique d'avantage

sans parler

car tous ces signaux

m'assaillent

m'assomment

m'asservissent

ouvrir l'interrupteur

couper le courant

pour faire paraître

la vraie lumière

LA MISÈRE HUMAINE

La misère humaine se lève
Un nuage de vidanges
Suffocante odeur putride
Qui s'attache copieusement
Qui s'attaque amoureusement
Une lourdeur qui persiste
Une saleté qui subsiste
Incrustées dans l'être et l'avoir
Belliqueusement renouvelées et raffinées
Avec de bonnes intentions cycliques
Étourdissantes illusions enivrantes
Chants hypnotiques primitifs
Qui dansent dans la nuit tombante
En torrent destructeur façonnant
Une profonde vallée d'une sombre beauté

LE MOMENT DE LA CRÉATION

Tout et rien, l'obscurité du bien

Balbutiement malin, amour divin

Symphonie de tintements

Distorsion et frémissement

Majestueuse harmonie du chahut

Sons monochromes crochus

Que vous êtes beaux, féeriques

À mes oreilles galactiques

Désordre absolu, tumulte parfait

Sans dimension, mais si complet

Ponctuel depuis moins l'infini

Soudain, par raisonnement naturel

Rien devient lumière, matière

Moi, Être... Je Suis

L'ABUSEUSE CACHÉE

une bonne conscience aveuglante
et un grand cœur de pierre dure
cachent une triste fragilité
un malaise malfaiteur masqué
aucune intention impure ! elle dit
mais sans pitié elle soutire mon énergie
pour justifier sa crainte d'être
menant à souffrance et malheur
pour tous y compris elle-même

c'est la grande ironie des gens blessés
qui ne savent ni l'accepter ni le surmonter
ils amplifient leur douleur
et distribuent sa lourde richesse
et ses petits fruits empoisonnés
à tous ceux qui veulent les aimer

TIRER

Les tyrans tirent :
Du fusil sur les innocents
Les vers du nez des espions
Du sommeil leurs opposants
Une grande richesse de leur position
Ni conclusion ni leçon de leurs actions

Ils étirent leur chance jusqu'au néant
Sans tiraillement tracassant
Vers leur propre anéantissement

RETOUR À LA RÉALITÉ

L'haleine de la civilisation

Souffle à mes oreilles

Essence, caoutchouc et goudron

Vous me sortez de mes rêveries !

Sirènes, urgence, malheur…

Une petite fille assise sur un banc

Teint pâle, cernes sous les yeux

Les enfants souffrent

Le monde s'effrite

L'Univers n'y porte aucune attention

BONTÉ ILLUSOIRE

le dangereux fantasme

de la compassion humaine

quand la nature même

nous a donné la rage

la dualité de l'amour

et un égo sans fin

des ravins ravissants

réservoirs d'énergie

qui dorment en nous

et n'attendent qu'une raison

une goutte en trop d'émotions

pour s'élancer sans merci

et tout raser avec mépris

CONQUÊTE

Pendu mortellement

Surpris dans un fractal glacé

Transpercé par ses tentacules

Comme des vers

Ils envahissent, dévorent

Portés par des vents sans borne

Le malheur n'est point d'être rien

Mais plutôt de se croire si génial

LE SENS DE LA VIE

Les animaux broutent et excrètent
Digèrent l'herbe verte de soleil
Pour la rejeter brunie de vie

Ils engraissent et mettent bas
Puis après une vie peu remplie
Sont nourriture pour autrui
Ou crèvent et deviennent terreau

Leur compost fertilise la végétation
Qui s'abreuve de lumière
Pour nourrir les petits animaux
Qui broutent et excrètent...

FOLLE RÉALITÉ

ses yeux bleus...
si limpides!
si profondément lucides!
elle doit voir le monde
non pas au travers
du filtre de la normalité
cette illusion d'une précaire réalité
montée de toute pièce
création des cerveaux de notre espèce
d'un rationnel fractionnaire
non, elle doit voir le monde
dans la douce folie réfractaire
l'inaudible chant, l'invisible ronde
accessible seulement à ceux
qui ont la tête perdue dans les cieux

LA SAGESSE DES CHOSES

les fenêtres regardent

pensivement

les nuages courir

blancs

en douce réflexion

petits rectangles

brillants

MODERNE NATURE

quadrilatères alignés

de gazon vert et raz coupé

une beauté artificielle

m'emplissant le nez

d'essence brûlée

de pesticides pervers

qu'on se sent bien

dans la nature imitée

de la banlieue tranquille

rues en méandres labyrinthes

mirage méprisant

nous attirant sans plainte

une invitation à la perdition

OUBLI

La vielle dame assise

Dans le parc tous les jours

Elle lit, soumise

Au compte à rebours

Vers l'oubli morose

N'ayant nul autre but

Que de savoir tant de choses

Bientôt disparues

Avec l'ultime signal

Tracé amorphe neuronal

ÉNERGISANT

De grands troncs blancs
Plantés dans la terre, isolés
Maintenus solidement
Par des racines bétonnées

Leurs branches battent l'air
Ou est-ce le contraire?

Une vie programmée
Seulement pour extraire
Des électrons excités

DE NOS JOURS

Qui écoute l'air

qui se faufile furtivement

entre les bras des arbres implorant?

Qui entend le vent

sinon celui des autos qui filent,

fuyant sifflement?

Qui regarde le ciel,

étalement nonchalant?

Qui voit les étoiles

dans le ciel brillant des villes,

étanches coupoles d'argent?

Ils me manquent,

ces scintillants clins d'œil

de soleils distants

LA NORMALITÉ

la normalité n'est que conformité
un sable mouvant qui avale l'être
et chie un uniforme néant
criez, courrez, refusez!

le plus dur c'est de se connaître
car ce que nous pensons
les rêves, les idées, les grandes convictions
peuvent tous être engloutis
dans ce grand trou béant

n'écoutez pas la mélodie enivrante
elle vous chuchote de doux messages
succès, confort, appréciation
ah! la grande machination!

PLAISIRS PRIMITIFS

mes sens sont assaillis

inondés de mille beautés

mes yeux peinent à percevoir

je veux augmenter ma capacité

de m'abreuver pleinement

de toutes ces courbes caressantes

ces intersections touchantes

ces angles élégants

j'attire le lointain

j'attise la proximité

explosions neuronales et hormonales

envahissez-moi, cajolez-moi!

je m'embrase sans analyser

pour devenir hors de moi

NAISSANCE

Un de nos ancêtres

Soudain réalise

Que quelques lignes

S'assemblent magiquement

Pour donner vie à un moment

Un souvenir prit par surprise

Rêve qui ne peut disparaître

Ainsi naquit l'imagination

De la bête vint l'humain

D'un simple dessin

MAL ISOLÉ

Le besoin d'être ensemble

C'est la peur d'être seul

L'inconfort du silence

L'appréhension de soi

La crainte de vivre

Avec notre propre désarroi

L'anxiété de la pénitence

Tous nos membres en tremblent

De périr isolé

Personne en deuil

Idée si répugnante

Qu'on ne veut y penser

ROCHE QUI ROULE

si vous mangez sans goûter

si vous respirez sans sentir

si vous écoutez sans entendre

si vous regardez sans voir

les sens branchés sans le savoir

dans vos futiles pensées

dans vos machines absorbés

alors vous existez sans vivre

vous n'êtes qu'une simple roche

sur laquelle on veut donner

une bonne poussée

pour la faire rouler

vers l'océan féroce

CRÉATIVITÉ

Qu'est-ce que la créativité

Sinon des neurones

Précairement connectés

Sans bornes

Mal configurés

Qui au lieu de calculer

Le prévisible, le normal

Se lancent dans la combinatoire

Fécondité pas banale

De ce que l'on ne peut voir

À moins d'être un peu bizarre

EAU

elle crie, elle m'appelle

douce berceuse de vaguelettes

hypnotique ensorcellement

à d'autres moments tempétueuse

elle m'aspire violemment

je veux m'y jeter tout entier

danger mortel pour qui ne sait se maîtriser

chaque cellule de mon corps

c'est elle, goutte de vie

neutre sans jugement

opaque ou transparente

stagnante ou coulante

nous sommes tous unis

dans sa solution rafraîchissante

RÉFLEXIONS DE FIN DE JOURNÉE

l'air est chaud et immobile

c'est comme si j'y flottais, vide

mais je suis couché dans l'herbe qui sue

haletante après une journée torride

elle me pique le dos avec ses pointes aiguës

le soleil jette sur moi son dernier regard

une réconfortante couverture orange

je regarde le ciel moussé

en y projetant ma propre fumée

l'étourdissante sensation

me rappelle que je suis vivant

je pense justement

aux couches de vie qui s'empilent

l'herbe dans mon dos à travers ma peau

et les fourmis qui s'y promènent

les minuscules mouches excitées

qui tourbillonnent dans ma fumée

les feuilles d'un arbre

qui pendent fatiguées

une mouette vagabonde

à la recherche d'un morceau de pain

et tout en haut un autre oiseau

si loin qu'il n'est qu'un point

je m'interroge : que fait-il si loin?

il me voit lui aussi

de là je ne suis rien

une tache dans un petit carré vert

il se demande, éminent :

pourquoi reste-t-il prisonnier?

pourquoi ne s'envole-il point?

BRANCHEMENT

Une branche nue s'étire

Sortie de sa rêverie hivernale

Signalant le retour à la vie

Mais ce que je sens est différent

Une déchirure dans le ciel limpide

Une tristesse envahissante

Qui s'étend dans le firmament

Ses doigts crochus effritent

Tout ce que je croyais solide

Elle entreprend une dance chancelante

Une simple petite branche

Signalant un éboulement

Tout un changement

LE MYTHE DE LA SOCIALISATION

Il faut sans cesse connecter

Le plus, le mieux vous serez

Dans un grand réseau

Tout s'inscrit en faux

Des rencontres sans arrêt

Vous vous croyez bien cordial

À une nouvelle amitié toujours prêt

Une attitude de quantité fatale

J'y vois une colonie d'insectes

Une bande d'inconscients infectes

Des manipulateurs experts

Qui percent les bulles personnelles

Comme des voyeurs pervers

Pour mettre les autres en tutelle

PLAISIR ANTICIPATOIRE

juste regarder la pluie

et je me sens trempé

ça colle entre mes orteils

et coule entre mes fesses

j'imagine mes souliers

ils se plaignent

crouic! crouic!

puis je m'y lance

et ça devient vrai

LE FEU

La danse vacillante de la flamme maladroite

Démontre que la force et la vigueur

Ne sont ni dans l'organisation ni la dureté

Toute fragile qu'elle paraît

Elle peut en un instant implacable

S'étendre et tout ravager

Mais la flamme n'est pas que destruction

De sa délicate puissance

Elle dégage lumière et chaleur

Fait naître en nous l'imagination

Car regarder le feu

C'est se voir soi-même

Rêver à qui nous sommes

C'est la clé du passage

Vers notre intuition profonde

JE SUIS NOMADE

Ne me demandez pas, quelle injustice!

De prendre racine, de rester immobile

J'aurai mal au cul, je serai misérable

Je dois quitter l'habituelle platitude

Le vent dans les cheveux je marche

Je marche douleur aux pieds mais heureux

En mouvement jamais prévisible

Sans souci des lignes de force magnétique

Les molécules de mon corps

S'excitent et vibrent allègrement

Je marche à la recherche de l'oubli

Je marche à contre-courant

Je marche je marche je marche

Laissez-moi aller en paix

Librement je traverse longitude et latitude

En complète solitude

SPECTACLE CÉLESTE

les nuages s'alignent docilement
attentifs aux instructions du maître vent
lourdement vêtus de grisaille
craintifs de possibles représailles
silencieux ils filent avec rapidité
dans le ciel d'automne contrarié
qui montre des airs dramatiques
pleurant la fin d'une phase climatique
danse étrange aux mouvements constants
dans l'attente des flocons virevoltants

NOUVEAUTÉ ÉPHÉMÈRE

Je vis dans la prison saisissante

De la beauté qui s'estompe

Le Paradis transmuté en Enfer

La joie diluée dans l'habitude

L'enchantement envenimé par l'impatience

De partir sans jamais arriver

Mon énergie vitale sublimée

Dans la poursuite infinie

D'une destination inexistante

De rêves réalisés mais insatisfaits

N'est-il pas temps de jeter l'ancre?

Mais lorsqu'on est navire

On est fait pour voguer sur l'océan

Pas simplement balloter doucement

Au clapotis d'un port visité trop souvent

CE QUE LA NUIT APPORTE

La pénombre s'installe confortable

Soufflant doucement à nos oreilles

Des mots érotiques invitants

La lourdeur du jour enflammé envolée

On dance sous les lumières scintillantes

Belle artificialité des ombres mouvantes

Les jeunes filles rigolent en petits groupes

Des jeans serrés, des jupes trop courtes

Observées furtivement par les hommes

À la recherche d'amour sans conséquence

Désir physique, rencontres impossibles

Rêves et attentes incompatibles

Attraction en trajectoire collision

Forces hormonales entraînantes

Inéluctables manipulations

Attisée par la musique envoutante

HAPPY HOUR AU NICARAGUA

Chicle o chica? Elle me dit en riant

Elle vend des cigarettes et des caresses

De la gomme aussi dans son panier d'osier

Sous son grand chapeau beige

Des yeux brûlants de souffrance

Sa petite fille en retrait apprend

Attachée à un sac à dos débordant

Du poids de leur existence

Ces quelques mots vites dissipés

Masqués puis emportés par le murmure

Des touristes enjoués dans leur indifférence

Ma réponse un simple sourire de pitié

Une façade pour la répugnance

Et elles disparaissent dans l'obscurité

EN DÉPLACEMENT

Je trouve le mouvement apaisant
La rapidité tranquille dans le vent
De la pointe du pied je goûte le sol
Pour un instant reposant puis contraignant
La quiétude de la pause une illusion
Seulement le temps d'une inspiration
Le bruit de l'ennuie, la répétition inouïe
D'une fidèle fraîcheur vite épuisée
Tout ça m'écœure et je m'enfuis
Seul en silence ainsi est ma pénitence

CAUSALITÉ

Une fourmi meure écrasée
Un moment hésitant par un pied pressé
Intention ou distraction?
Le son silencieux du glas
Finalisant une existence sans histoire
Un évènement aléatoire?
Non! Disent leurs penseurs
Une intervention divine, c'était son heure
À preuve cette ombre soudaine
Qui descend des cieux et nous entraîne
Vers la grande fourmilière céleste
Faible intellectualité et perceptions limitées
Incapables d'accepter la vérité funeste
Inventant plutôt mythes et magie
Pour expliquer le cycle de la vie
Et apaiser les grandes peurs qui les habitent

FORTIFICATIONS FINANCIÈRES

La cité s'élève, masquant le soleil

Le jour s'y lève tard, la nuit y tombe tôt

C'est une question de préservation

Pour la vie de tant de zombies

Pour les vampire affamés

Déguisés de beaux habits

Vivant dans l'obscurité et s'abreuvant

Du sang des petites gens

Ils virent la vie au pire

Ils polluent l'air que l'on respire

Ils chient et pissent sur nos têtes

Du haut de leurs murailles

Cachés dans leurs fortifications financières

APRÈS LA TEMPÊTE

Fantômes métalliques et plastiques

Alignés docilement, immobiles

Figés sous d'épais manteaux blancs

Ils attendent leurs maîtres balayeurs

Une fois réchauffés ils s'élancent hésitants

Laissant tomber leur drap subtilement

Ils se transforment en monstres roulants

Qui excrètent des crottes visqueuses

Empestant partout la pureté hivernale

Avec une diarrhée contagieuse

Qui aspire nos pieds et incruste nos semelles

S'il vous plaît, encore un peu de sel

JEU D'OMBRE

Il fend la pierre faiblement

En zigzags frissonnants

Il s'étend décontracté

Ignorant sa nudité

Une simple projection

Une opposition au jour levant

Un contraste malheureux

Sur fond gris résistant

Une posture tout en carrure

De ses doigts noueux

Il projette son occulte cri

Une illusion de brisure

Fausse frayeur d'usure

NON À LA CHIMIE

l'affection paisible

qui circule dans mes veines

parfumée de lilas et pommiers fleuris

saturée de douceurs magiques

libre de désirs et de possessivité

coulant sans attachement

avec un fredonnement charmant

antidote à la fugueuse soupe chimique

qui bouille en concoction corrosive

une potion dangereuse

que nous voulons tant avaler

soumis au pouvoir hallucinant

de la passion rageuse

menant à un étranglement foudroyant

BEAUTÉ RELATIVE

Violence ténébreuse impunie

Sur fond d'azur infini

Elle s'étend langoureuse

Au-delà d'une mer frileuse

Une beauté arbitraire

Une habile tromperie pour plaire

Cette platitude m'ennuie

Ce silence me désespère

Cette horizontalité me nuit

Se dresse en moi un sommeil fatiguant

Emplit de plans vertigineux

Qui m'élèvent allègrement

VÉRITABLE ERREUR

Me suis-je trompé

Alors que je réalisais mes rêves?

Mon errance erronée

Ma fausse erreur du passé

Je continue à poursuivre sans trêve

Un bonheur fuyant

Je me perds constamment

En tentant avec tant de ferveur

De me trouver ailleurs

Les idées qui semblent de grandes vérités

Souvent ne sont que mirages ensorcelants

Qui s'évanouissent rapidement

Quand elles deviennent réalité

LÂCHER PRISE

Alors que je me retiens

À peine attaché aux barreaux

De la normalité dominante

Qu'est-ce qui me distingue

De cet homme assis au coin de la rue

Qui crie des bêtises aux passants?

Mes doigts glissent je le sens

Bientôt je serai là avec lui

Tenant une tasse de café

En papier sal et fripé

Un vieux barbu puant

Sous la pluie battante hurlant

SILENCE URBAIN

Dans l'urbaine cacophonie

Flottent des effluves de pipi

J'y trouve une paix inouïe

Enveloppé de gaz malsains

Je vis d'une socialisation anonyme

Seul dans la foule qui s'anime

Je m'emballe sans fin

Dans ces fibres je m'enroule

Fabriquant un cocon isolant

Créant un silence reposant

PARLER SANS BON SENS

On demande plus de communication

En complète contrefaçon

Comme dansent les abeilles

Bourdonnement volubile

Nos yeux clos dans l'aveugle sommeil

Ulcères verbaux habiles

Sommes-nous vraiment conscients

De ce que l'on entend ?

Savons-nous assurément ce que l'on dit ?

Intelligence mensongère fracassante

Simplement beaucoup de bruit

Qui ne porte aucun fruit

Sauf les épines agaçantes

Du rapide déchaînement sonore

Mais on continue de spéculer

Qu'il faut sans cesse parler

HABITANTS EN BOÎTE

De petites fenêtres carrées

Percées dans le rectangle bétonnier

Alignement bien organisé

Boîtes parfaitement empilées

Linéarité réconfortante

Transparence isolante

Pour les visages qui s'y plantent

Là-haut supérieurs ils se pensent

En me regardant les observer

Moi et mon vieux sac à dos

Et mes souliers usés

Droit dénié au repos

Sans endroit pour m'abriter

ANIMATION MORTELLE

Octobre et ses grands vents
Glissent sur l'eau l'agitant
Déshabillent les arbres frileux
Invisible ressentiment capricieux

Les feuilles roulent, se sauvent
Emportées par la caresse étouffante
Animation décimée surprenante
Alors que la terre s'endort doucement
Alors que la mort s'installe tranquillement

LE 21 NOVEMBRE

Aujourd'hui enfin je suis parti
Je vagabonde perdu dans le monde
Je quitte ma prison de briques rougies
Sans adresse ni attache je disparais
Vers la côte riche au pays d'argent
Les terres de l'O et de l'A
Le début de la vie qui surprend ma mort
On se demandera pourquoi
J'ai laissé situation et confort
Pour me lancer dans le néant
Le désespoir partiellement
Mais aussi le devoir de vivre pleinement
Car la peur nous fait faire des gestes
Que nous pourrions critiquer
Mais le plus grand regret reste
D'avoir été figé par l'anxiété

POÉSIE EN PLEIN AIR

assis sur un banc de parc

en plein mois de janvier

je laisse ma créativité dériver

malgré le froid qui gèle tout

mon stylo se lance

dans une dance frissonnante

petites ondulations

transportant ma passion

minuscules fluctuations

représentant le chaos

de mon cerveau

L'ÉTAT DU MONDE

maudits réalistes

qui gardent le monde si triste

maudits idéalistes

qui le rendent si détraqué

nous sommes coincés

entre enracinement conservateur

et mouvement innovateur

extrêmes destructeurs

oppositions stériles

confrontations puériles

spectaculaire binarité

tableau figé dans la pitié

d'une société sans sortie

on crie, on chie, on prie

vers l'avant sans plan ni piste

vers l'arrière sans vision ni raison

ÉTUDE EN F MAJEUR

la fureur foudroyante

de la féérie enflammée

s'essouffle facilement

quand les fous

fonçant futilement

fuient la fête

le feu aux fesses

effrayés et assoiffés

forçant un parfum

de fumée déformante

à fausser le familier

IMPACT DE L'OBSERVATEUR

Ses lèvres rouges et suaves
Ont touché la bouche aimée
Un exquis baisé matinal
Un lit chaud de corps enlacés
Je peux l'imaginer

Maintenant elle savoure son café
Perdue dans ses rêves langoureux

Ses yeux gris et doux
Tels la bruine qui envahit l'atmosphère
Deviennent durs comme pierre
Quand elle me voit l'observer

MATIN PLUVIEUX

Un parapluie orange

Accroché au poignet

Bracelet improvisé

Laissant couler l'eau accumulée

Sur des souliers bien trempés

Rêvant d'une plage

Sous le soleil douillet

Pour se sécher

RÉINCARNATION

L'orage explose de mes yeux
De toute la rage de ne pouvoir être
Alors que finalement s'installe
La paix du sommeil éternel

Je suis malgré tout heureux
Sachant que mes atomes couleront
Emportés par le ruissellement furieux

Demain je ferai la fête
Dans un arbre resplendissant
Sous le doux soleil d'après tempête
Une jeune feuille pure merveille
Débordante de vie nouvelle

SÉVÈRE DUPLICITÉ

qu'est-ce que le genre humain?

on le dit si magnifique

moi je vois un tas de gens

organisés en troupeaux bêlant

bercés par le son cacophonique

communication vous dites

d'une voix automatique

réconfortés par l'illusion

de leur réalité construite

par les médias envahisseurs

de cerveaux assimilateurs

une vie rembourrée

de coussins colorés empoisonnés

une fausse intelligence unique

dégoûtante d'émotions

primitives et abusives

quelle supériorité mal placée

une simple émulation

de comportements collectifs

conceptions tribales

jugements faciles

réflexions superficielles

logique défective

d'une simple biologie

à la merci des lois naturelles

de survie et de reproduction

ni mieux ni moins

que des bactéries

et des herbes envahissantes

c'est la nature humaine?

non, c'est la nature tout court

l'impérative domination

de forces biochimiques

nécessitant un contrôle périodique

PRESQUE LA FIN

La vie n'est qu'un souffle
Un grand coup de vent
Qui emporte tout en un moment
Un clin d'œil soudain
Et nos cellules stupéfiées
Cessent de s'animer

Savez-vous combien de temps vous avez?
Y aura-t-il un autre demain?
Même un instant prochain?
Votre valise doit être prête toujours
Pour un aller sans retour
Vide pour la grande traversée

LE 15 JUIN

Je suis prêt pour le 15 juin

La date que je connais depuis si longtemps

D'une lointaine jeunesse

Emplie de grandes douleurs et de tendresse

Le 15 juin arrive, cas échéant

Inévitable invitation

Pour cerveau en perdition

Pour organes défaillants

Je le sais, je le sens

C'est le moment de vous dire adieu

Sachez que je serai ici et là

Dans le béton armé des cités

Dans l'herbe verte des campagnes

Dans les flocons de neige et les tempêtes

Dans l'air ambiant que vous respirez

www.ingramcontent.com/pod-product-compliance
Lightning Source LLC
Chambersburg PA
CBHW060714030426
42337CB00017B/2858